JOURNÉE

DE

TORREJON D'ARDOZ

(Le 22 juillet 1843)

PAR UN ESPAGNOL.

PARIS.

IMPRIMERIE DE FAIN ET THUNOT,
RUE RACINE, 28, PRÈS DE L'ODÉON.

1843.

JOURNÉE

DE

TORREJON D'ARDOZ.

Cet événement extraordinaire, vraiment grand et décisif, a agi instantanément sur toute l'Espagne. Il a mis un terme à la guerre civile. Là a triomphé la nation : de là a surgi tout rayonnant d'un nouvel éclat le trône de l'innocence, emblème de l'ordre et de la liberté.

Mais le public qui applaudit aux conséquences de cette journée et qui en jouit, ne connaît pas les causes qui l'ont produite. On n'a pas encore exposé à ses yeux, on n'a pas encore soumis à son jugement le récit raisonné de ce fait d'armes si mémorable, dans lequel l'habileté l'emporta sur le nombre, où les deux armées contraires se trouvant déjà mêlées, l'intrépidité d'un chef suffit pour arrêter des milliers de bras déjà levés pour le combattre ; où, au prix de quelques gouttes de sang espagnol, la patrie recouvra une armée séduite, entraînée à la tyranniser. Il importe aujourd'hui que la vérité soit enfin connue, qu'elle éclate à tous les yeux. L'histoire a besoin de données pour écrire quelque jour une page si brillante; et lorsqu'un rayon de gloire scintille à notre horizon, il faut que l'Europe en perçoive, en apprécie la clarté; car cette gloire n'est point l'apanage des partis, mais la propriété de la nation qui a conquis Grenade, qui a dominé dans le Nouveau Monde, qui a vaincu à Lépante, qui a repoussé le héros guerrier de notre siècle.

Lors de la lutte engagée tout récemment entre différentes provinces d'Espagne et l'ex-régent du royaume, le général Narvaez se trouvait à Valence, à la tête de 3,000 hommes d'infanterie et de 250 de cavalerie, en état de combattre. Des considérations politiques, autant que les bonnes maximes militaires, lui conseillèrent d'échanger le repos pour l'activité, de chercher l'ennemi au lieu d'en attendre l'attaque, et de profiter du temps, aussi utile dans la guerre que dans les arts de la paix. Ardent, infatigable, doué d'une perspicacité rare, il forma son plan d'opérations, s'apprêta à faire face à tous les accidents qui pourraient survenir, et commença cette campagne rapide qui, en peu de jours, l'a conduit jusqu'aux portes de Madrid.

Il aurait pu se diriger contre le quartier général

d'Espartero, à Albacète (1) ; c'était le parti le plus court, mais il était aussi le plus hasardeux, eu égard à l'inégalité des forces. Des intérêts trop élevés étaient en jeu dans cette querelle ; un premier revers eût entraîné des suites trop graves. Il fallait à Narvaez inspirer de la confiance à ses soldats : il n'était pas encore bien connu de tous ; il lui fallait imposer à l'ennemi, augmenter son propre crédit, grossir ses bataillons, et se mettre bientôt en état de frapper un grand coup capable de faire pencher la balance de son côté. Lors même qu'il n'eût pas éprouvé d'échec, il aurait suffi à Espartero de manœuvrer et de l'entretenir pendant quelque temps, pour lui faire perdre l'occasion et détruire le plan de campagne qu'il s'était proposé de suivre. Il sortit donc de Valence le

---

(1) On se rappelle le long séjour que fit Espartero dans cette ville; il y fixa son quartier général le 25 juin, deux jours avant l'arrivée de Narvaez à Valence, et n'en sortit que dans la nuit du 7 au 8 juillet. Pendant qu'il se tenait ainsi dans un repos qu'on a peine à concilier avec sa réputation de bravoure personnelle, ses ennemis gagnaient tous les jours du terrain. Ce fut, comme militaire, sa plus grande faute pendant cette campagne où il en commit de si graves !

La ville d'Albacète, dans la province de Murcie, est située à quinze lieues au sud-ouest de Valence, sur la grande route qui va de Madrid à cette ville, sur les confins de la Manche, et à trente-six lieues de Madrid. On voit par là que le but d'Espartero était, avant tout, de se ménager à tout événement, une retraite en Andalousie pour prendre la fuite. Il semblerait aussi par là que, dès le début, il jugea la partie perdue, et qu'il ne se proposait pas de la soutenir à outrance, ce qui, certes, ferait autant d'honneur à sa perspicacité qu'à son cœur, ne fût-ce le bombardement de Séville, aussi affreux qu'inutile.

30 juin. Le 3 juillet il se présenta devant Teruel, dont il fit lever le siége (1). Il y fut renforcé par deux bataillons et un escadron des troupes des assiégeants. Cette manœuvre vint interrompre la ligne de communication d'Espartero avec Seoane et Zurbano, lesquels opéraient en Catalogne; elle livra à Narvaez les clefs de l'Aragon : elle lui acquit en outre les différents corps d'infanterie et de cavalerie qui se trouvaient épars dans les provinces de Teruel et de Saragosse.

Ce fut évidemment une grande faute de la part d'Espartero, que de ne pas sortir à la rencontre de Narvaez, fût-ce avec les seules forces, déjà fort supérieures, qu'il avait sous ses ordres, fût-ce en les renforçant encore avec celles que commandait le brigadier Enna, aux alentours de Teruel. Ayant perdu tout espoir d'obtenir une réaction à Valence, par les intrigues de ses amis et de ses émissaires, l'ex-régent aurait dû sentir que chaque jour d'inaction de sa part était un avantage pour son adversaire, aussi actif qu'habile : il aurait dû comprendre que s'il laissait grossir ce courant, tout faible qu'il avait été à sa source, peut-être aurait-il par la suite à fuir devant lui.

---

(1) Cette ville était assiégée par la division Enna.
Elle est située sur la limite de l'Aragon, à trente et une lieues de Valence, et à la même distance de Saragosse.

Mais Espartero ne bougea pas ; ce fut sans doute une conséquence de son système aussi connu que facile de faire la guerre. On avait toujours vu ce général se tenir tranquille jusqu'à ce qu'il eût concentré de grandes masses de troupes et accumulé un immense matériel, un train d'artillerie formidable. Ce n'était qu'alors, et encore pas toujours, qu'il se hasardait à s'attaquer à une entreprise tellement inférieure à de pareils moyens qu'il ne fallût en employer qu'une très-faible partie. Il lui fallait, en un mot, que le succès fût absolument assuré, que la résistance même fût de tout point impossible. Cependant, les temps étaient bien changés. Il ne s'agissait plus de comprimer partiellement et sans compter les années, un ennemi réduit à s'en tenir à la défensive ; il fallait opposer combinaison à combinaison, génie à génie ; il fallait contrecarrer des expédients toujours nouveaux, lutter de célérité avec un ennemi infatigable. En tombant du haut poste qu'il occupait, Espartero ne s'est pas montré général, il ne s'est pas même montré soldat.

Narvaez, délivré ainsi de toute crainte pour ses flancs et pour son arrière-garde ; bien convaincu qu'Espartero ne viendrait pas le troubler dans sa marche ; ne doutant pas en outre qu'il se garderait bien d'aller menacer Valence, Narvaez, donc, marcha sur Daroca et sur Calatayud (1). Ce fut le 7 juillet qu'il arriva à cette dernière ville. Là, il interceptait la communication de Madrid avec Saragosse, de même qu'avec Seoane et Zurbano. Ils se trouvaient pour lors tous deux à Lérida. Toutes ces positions, tous ces objets étaient fort à considérer pour ses mouvements ultérieurs; néanmoins, il ne dut donner à chacun d'eux que son importance relative. Les troupes enfermées à Lérida, étaient observées (2) : elles se trouvaient dans l'impuissance de gagner du terrain en Catalogne. L'obstination de Saragosse dans son égarement, tenait à des influences intéressées ; de prompts mécomptes devaient bientôt la faire disparaître ; ces influences, d'ailleurs, ne s'étendaient pas au delà de l'enceinte de la ville. C'était donc Madrid qui offrait le plus d'attrait. Tout l'avenir de la guerre était là. Des secours efficaces y étaient réclamés avec urgence, et il fallait les lui porter à

---

(1) Daroca se trouve à seize lieues de Teruel, et Calatayud à vingt-trois.

Ces deux villes sont situées aux bords de la rivière Jiloca, dans la province d'Aragon, non loin de son confluent avec le Jalon. La distance de Calatayud à Saragosse est de quatorze lieues S.-O., sur la grande route qui va de cette dernière ville à Madrid.

(2) Par le général Serrano et le brigadier Prim, ainsi que par les généraux Cortinez et Castro.

Lérida, place forte de la Catalogne, sur la route de Saragosse à Barcelonne, se trouve à une distance de trente-six heures de marche de cette dernière ville.

tout prix. Il se préparait dans cette ville une suite de vexations pour le peuple, sous le régime de la terreur (1); là, le palais de nos rois servait de prison aux deux nobles orphelines, les rejetons d'une race auguste, en attendant qu'une escorte suffisante pût les conduire par étapes en Andalousie..... Il n'en fallait pas davantage pour décider un Espagnol, un homme d'honneur.

Loin de s'opposer à ce mouvement sur la capitale, la stratégie et la politique l'appuyaient de leurs rai-

---

(1) Il n'est peut-être pas hors de propos, de rappeler ici en peu de mots, quelle était dans ces tristes conjonctures la situation de Madrid. Sa garnison ne montait pas à plus de 1,000 hommes. Le trop célèbre Mendizabal, alors ministre des finances, y avait assumé depuis le départ d'Espartero, toute l'autorité civile et militaire ou à peu près. Cet empirique audacieux, armé de pouvoirs si étendus, n'avait rien négligé pour exciter chez le peuple, par les mesures les plus folles et les plus ruineuses, un enthousiasme factice pour la résistance. Les rues étaient barricadées; tous les hommes en état de porter les armes, étaient forcés de travailler au dépavage de la ville et de faire le service conjointement avec la garde nationale, dont les bataillons les plus décidés occupaient les principaux édifices publics. Toutes les personnes suspectes étaient arrêtées. Toute correspondance avec les ennemis de l'ordre de choses existant était espionnée et défendue par les moyens les plus violents et les plus vexatoires. Tous les journaux de l'opposition furent interdits d'un seul coup. Force étant de suppléer de quelque façon au produit des droits des barrières, supprimés du jour au lendemain par l'imprévoyant Mendizabal, dans la seule vue de se rendre populaire, il fallut frapper des taxes les plus monstrueuses les riches commerçants. Ce fut naturellement sur les *modérés* autant que sur les *carlistes*, que dut tomber tout le poids de cette savante combinaison financière. Des bandes d'assommeurs veillaient à l'exécution exacte de ces mesures insensées.

sons. Narvaez, interposé entre Espartero et ses généraux de Catalogne, forçait l'ex-régent à se retirer en Andalousie, ou à venir combattre pour la possession de Madrid. Cette épreuve faisait l'objet des plus ardents désirs de Narvaez, qui se sentait déjà assez fort pour abattre son adversaire. Des troupes, *prononcées* pour le mouvement contre Espartero, accouraient vers Madrid de tous les points de la Castille et de la Navarre. Une victoire, dans les alentours de la capitale, devant être décisive, il était convenable pour Narvaez de la chercher sur le terrain, au cas qu'on vînt la lui disputer, ou bien, à son défaut, d'essayer de s'ouvrir les portes de Madrid, moins à coups de canon qu'en intimidant les tyrans éphémères dont la population ne portait qu'à regret le joug trop pesant. En conséquence, le 11, à quatre heures de l'après-midi, Narvaez sortit de Calatayud ; il arriva le 15 devant Madrid. Le général Aspiroz, venu de Valladolid avec une division, se trouvait déjà au Pardo, à un quart de lieue de la ville. Des sommations répétées eurent pour effet une sorte de promesse de neutralité, qui n'empêcha pas cependant le luxe d'un feu de tirailleurs assez nourri et même de quelques décharges, fort innocentes d'ailleurs, que se permit une partie de la milice citoyenne, de ses remparts, sur les postes avancés des assiégeants. Ceux-ci n'y ripostèrent que fort rarement.

Dans ces entrefaites, on apprit que Seoane et Zurbano accouraient, par l'ordre d'Espartero, à marches forcées sur la capitale. Il avait été impossible à Seoane de tenir sa promesse de soumettre Barcelonne ; il n'avait pas même réussi à s'en approcher au delà de deux journées de distance. Enfermé à Lérida, avec des forces très-considérables, il semblait abasourdi, incapable de prendre un parti quelconque, lorsque la volonté du régent vint lui désigner un chemin et lui donner une occupation. Il se rendit à Saragosse, où il fut rejoint par Zurbano. Différents officiers, qui ne leur inspiraient pas de confiance, y furent congédiés par eux ; un assez grand nombre s'étaient déjà volontairement retirés du service. Tous les corps de l'armée combinée furent réorganisés ; on fit de nombreuses promotions, particulièrement dans la classe des sergents, aux grades d'officiers subalternes et même de capitaines. Par ce moyen, joint aux précautions prises pour isoler soigneusement les troupes des habitants des villes qu'on devait traverser, tout en tolérant d'ailleurs le plus grand relâchement dans la discipline, on se flatta de l'espoir de maintenir le bon esprit dans toutes les classes et d'assurer leur décision le jour du combat. Seoane avait écrit à Madrid que Narvaez ne resterait pas douze heures devant ses murs sans qu'il vînt l'anéantir. Il y avait néanmoins trois jours que l'effet du langage habituellement outrecuidant de ce général se trouvait en souffrance, lorsqu'enfin il se présenta, le 18, à Guadalajara (1).

Le moment critique et décisif était venu. Des deux côtés il n'y avait pas lieu à reculer, car un seul pas en arrière aurait produit les mêmes effets qu'une défaite. Il ne restait d'autre issue possible que le triomphe ou l'humiliation. Or le triomphe était une nécessité pour les deux chefs, car il ne paraissait pas croyable que le vaincu pût supporter le poids du jour qui devait éclairer sa disgrâce. Outre qu'on allait débattre la question immense, vitale du gouvernement, des considérations puissantes agissaient sur l'esprit des deux généraux. Pour Seoane, il y avait la responsabilité de porter dans ses mains le sort de ses anciens compagnons d'armes, tous ces généraux tristement chassés du Pérou, qui formaient un club autour de l'ex-régent. Certes cette responsabilité devait lui paraître bien pesante à lui qui, quoique revêtu d'un haut grade militaire, et tout bouffi de suffisance magistrale et de contentement de soi-même, n'avait jamais pourtant commandé une seule bataille, ni même assisté à un seul grand fait d'armes, digne de

---

(1) Cette ville, capitale de la province du même nom, est située sur la grande route de Madrid à Saragosse, à dix lieues de la première de ces villes, et à quarante de la seconde.

ce nom, que dans un rang très-subalterne. Pour Narvaez, il s'agissait de soutenir le trône chancelant : il venait ouvrir les portes aimées du pays natal à d'illustres proscrits de l'Espagne, ayant bien mérité de la patrie. Champion d'une cause si belle, Narvaez, bien que jeune encore, avait déjà en outre une réputation militaire, noblement acquise, à conserver. Enfin, il se trouvait encore jusqu'à des motifs personnels pour aiguiser, si c'eût été possible, le vif sentiment qui devait les animer tous deux. Seoane avait en plein parlement traité Narvaez absent avec de grands airs dédaigneux; dans un de ses accès ordinaires d'audace et d'arrogance inouïe, il l'avait appelé *poussin*, disant qu'il prétendait s'élever dans les airs alors que le premier plumage lui était à peine venu. Or, Narvaez qui avait vu, en 1838, sa brillante carrière coupée tout à coup par de basses jalousies d'Espartero, ne pouvait que convoiter ardemment l'occasion de prouver à cet ennemi déloyal qu'il avait eu grandement raison de craindre sa concurrence. Il ne devait pas moins tenir à donner au lieutenant d'Espartero, à l'homme qui s'était posé à son égard en maître, malheureusement sans examen, il ne devait pas moins tenir, disons-nous, à donner à ce prétendu maître si pétulant, une leçon de haute volée, et à lui apprendre comment on pouvait remonter le vol bien au-dessus de lui et de tous les vieux oiseaux prudemment renfermés dans la volière de Buena-Vista (1). Ces nombreux et puissants aiguillons, toutes ces considérations d'honneur, de gloire, d'amour-propre, d'impatience pour le triomphe de la cause confiée à chacun d'eux, se pressaient en foule pour les engager à disputer la palme jusqu'à la dernière extrémité, à déployer toutes les ressources imaginables, à faire des efforts désespérés, à ne pas se laisser vaincre en un mot : la mort elle-même ne devait pas suffire à absoudre le vaincu. La population de Madrid, dans l'attente de quelque grand événement, était au comble de l'angoisse : on comptait les minutes, on prêtait l'oreille au moindre bruit. Partout la même anxiété s'emparait de l'esprit des populations haletantes à mesure que leur parvenaient des nouvelles du rapprochement des deux armées, qui, par des directions contraires, marchaient à la rencontre l'une de l'autre.

Seoane avait naturellement sous ses ordres Zurbano. Il comptait à Guadalajara dix-neuf bataillons, six escadrons et trente pièces d'artillerie. L'esprit de ses troupes n'était pas uniforme; il s'y trouvait des officiers et des soldats dont toutes les sympathies étaient acquises au parti opposé et qui avaient même le désir d'aller combattre dans ses rangs : c'était le plus petit nombre. D'autres, surtout dans la cava-

---

(1) Le palais de l'ex-régent à Madrid.

lerie, regrettaient de se voir forcés d'aller se mesurer contre ceux de leurs camarades appartenant à leurs mêmes régiments, qui se trouvaient du côté de Narvaez. Les premiers, cependant, étaient contenus par la loi de la nécessité : les devoirs militaires poussaient les seconds en avant. Venaient ensuite, et c'était la grande majorité, ceux qui marchaient avec résignation, prêts à obéir aveuglément. Bon nombre encore étaient remplis de décision et d'enthousiasme : c'étaient ceux qui professaient des opinions analogues à celles de Seoane ; et ceux qui, enivrés par des promotions subites et inattendues, aspiraient naturellement à les conserver. Dans de pareilles conjonctures, un général habile et ayant du prestige, eût pu tirer parti de tous ; son excessive supériorité, particulièrement en artillerie, aurait dû lui suggérer les moyens d'attaquer avec avantage son ennemi, tout en l'obligeant à respecter les distances, et en lui causant des pertes anticipées par l'appui des corps les plus décidés qu'il aurait placés en position de lui préparer la victoire.

Maître des éléments qu'il tenait à sa disposition, Seoane eût pu donner une tout autre tournure à la campagne dans laquelle il perdit tout. Situé entre Narvaez et Aspiroz sur le devant, ayant à ses derrières Serrano et Prim, mais si éloignés, qu'ils ne pouvaient, en aucune façon, combiner leurs marches pour se porter mutuellement secours ; les règles de la guerre conseillaient de les battre en détail, en commençant par le côté qui aurait offert le moins de difficultés. D'après ces principes, si Seoane eût tout à coup, et à propos, fait volte-face contre les forces qui le suivaient de Catalogne, et qu'il eût réussi à les tailler en pièces, ses chances de succès eussent été bien autrement grandes lorsqu'il serait revenu s'attaquer à celles qui lui coupaient le chemin de Madrid. Loin d'agir ainsi, il n'eut pas plutôt fait reposer ses troupes à Guadalajara, qu'il s'avança le 21 sur Alcala (1). De cette ville, il envoya à Narvaez un message emphatique, dans lequel il lui disait qu'il avait « l'ordre, la volonté et la force » de se diriger sur Madrid, et le sommait d'avoir à lui débarrasser le passage. Narvaez, dans sa réponse, lui rendit ses propres expressions : il avait aussi, disait-il, l'ordre, la volonté et la force de ne point le laisser passer outre.

L'attaque ne pouvait déjà plus se faire attendre : naturellement elle devait avoir lieu dans la nuit même du 21, ou le 22 au point du jour. Le général Narvaez s'était écarté de l'enceinte de Madrid, de même que le général Aspiroz, qui opérait en combinaison avec lui. Ils ne devaient pas accepter un

---

(1) A quatre lieues et demie de Madrid, sur la grande route de Saragosse.

combat contre Seoane dans un lieu où une diversion de feu à l'arrière-garde, produite par une sortie des assiégés, aurait pu donner l'alarme, peut-être même mettre le désordre dans leurs rangs. Plus ils s'éloigneraient, moins ce danger était à craindre : aussi auraient-ils pu dès le commencement aller au-devant de l'ennemi, jusqu'au delà de Guadalajara, et tombant sur lui à l'improviste au milieu de ces marches pénibles, l'attaquer par les flancs avec des troupes non fatiguées. Mais des avantages supérieurs conseillaient de ne pas tant s'avancer, et de se poster plutôt vers Torrejon d'Ardoz ou Alcala. Voici quels étaient les principaux parmi ces avantages : tenir en échec les milices de la capitale, tout en n'en ayant rien à redouter, car, certes, elles n'iraient pas s'éloigner de trois ou quatre lieues de leurs foyers pour assister à un combat ; se tenir en mesure de recevoir les renforts venant de la Vieille-Castille ; empêcher qu'au moyen de quelque marche de flanc, Seoane ne parvînt à glisser sur Madrid le tout ou du moins une partie de ses forces ; et enfin, rester attentif à observer si l'ennemi, par ses lenteurs ou ses négligences, ne donnerait pas aux troupes de la Catalogne le temps de le serrer de près. Dans ce cas, placé entre deux feux, il se serait vu obligé de rendre les armes.

Narvaez et Aspiroz décidèrent donc de se tenir en

repos, ce repos ne pouvant pour lors leur porter aucun préjudice; ils campèrent leurs troupes sur les bords de l'Henarés et de la Jarama. Le 21, on apprit que Seoane s'avançait vers Alcala, et que les débris des brigades Enna et Iriarte (1) étaient entrés à Madrid, d'où ils devaient partir le lendemain avec toutes les forces que ces deux officiers généraux pourraient réunir, afin de manœuvrer sur les derrières de l'ennemi, et de contribuer au triomphe de Seoane. Alors il devint nécessaire qu'Aspiroz allât prendre position au pont de Viveros sur la Jarama, avec le double but de contenir les troupes expéditionnaires de la capitale, et de servir de corps de réserve à Narvaez, lequel de son côté alla se placer devant Torrejon d'Ardoz (2). Ils n'avaient à eux deux que quatre pièces d'artillerie; deux canons furent braqués en tête du pont. Aspiroz céda les deux autres à son collègue, de même qu'un fort escadron de 110 chevaux.

Narvaez avait choisi une position conforme à ses vues. En face de Torrejon s'étend une vaste plaine que longe la grande route de Madrid à Saragosse; cette

---

(1) Il a été dit plus haut qu'une partie de la brigade Enna était passée du côté de Narvaez lors de la levée du siége de Teruel. Il en fut de même pour la brigade Iriarte.

(2) A une lieue et demie d'Alcala, vers Madrid, sur la gauche de la grande route de Madrid à Saragosse. *Voyez* la carte ci-jointe.

plaine est coupée à sa droite par l'Henarès. Aux distances de 1,100 et 2,000 pas, sur la ligne de la route, elle présente deux légers ravins, portant chacun un pont, l'un dit de Pélage, l'autre de Torote, pour l'écoulement des eaux pluviales. C'est dans cet endroit qu'il décida de livrer la bataille. Attentif à profiter de tous les accidents du terrain qui pouvaient lui être avantageux, autant que des fautes de l'ennemi, il comprit dès l'abord qu'étant inférieur en infanterie, plus encore en artillerie, et pas supérieur en cavalerie (la moitié de ses cavaliers se trouvaient être de nouvelles recrues montées sur des chevaux de rebut), il lui fallait compenser ces désavantages par une grande mobilité, un coup d'œil calme et sûr, et beaucoup de décision pour agir selon que l'exigeraient les circonstances du moment.

Il passa la nuit campé sur les aires de Torrejon d'Ardoz. Il fit mettre à ses soldats un ruban blanc autour du shako afin qu'ils pussent se reconnaître dans la mêlée, les uniformes des deux corps belligérants étant en grande partie pareils; et le 22 au point du jour, il forma ses troupes à 500 pas en avant du village, passé l'hermitage de Notre-Dame de la Soledad. Il plaça sur la route ses deux canons à droite et à gauche, il déploya sa ligne faisant une légère courbure pour donner de l'avance à ses ailes, appuyées par la cavalerie. Son front de bataille était composé de huit bataillons, ainsi que de deux autres à l'avant-garde de l'avant dernier bataillon de gauche : il mit trois bataillons en seconde ligne et un bataillon en troisième. Ces trois lignes étaient fort rapprochées entre elles. Pas un corps n'était rangé en bataille, mais tous en colonne, plutôt prêts à marcher et à attaquer eux-mêmes qu'attendant une attaque.

Ayant ainsi disposé ses troupes, Narvaez parcourut tous les corps un à un. Il leur parla ce langage militaire qui va droit au cœur ; il leur communiqua l'enthousiasme dont son âme était pleine et sut leur inspirer la confiance de vaincre. Officiers et soldats avaient eu le temps de se pénétrer des qualités réellement extraordinaires de leur jeune et brave général : il pouvait compter sur eux. Il avait en outre d'excellents chefs supérieurs, de ceux qui font l'honneur et la force de l'armée espagnole.

Le jour commençait à poindre lorsque Seoane sortit d'Alcala. Aux nuages de poussière qui s'élevaient sous ses pas, on put croire un moment qu'il penchait vers la gauche, à la recherche d'un passage de l'Hénarès, pour se diriger sur Arganda. Narvaez, accouru aussitôt avec tout son état-major pour l'observer, s'assura qu'il ne quittait pas la grande route. Il le vit s'avancer en longue colonne de marche, ayant sa cavalerie à son flanc droit, également en colonne : dans cette disposition, sans préparer aucune manœuvre, il s'approchait en toute négligence du champ de bataille. A cette vue, Narvaez comprit que l'honneur de la journée lui était réservé. Ayant arrêté son plan, il voulut rapprocher les distances pour le réaliser plus tôt; il fit avancer ses troupes de front à peu près six cents pas, au bruit des fanfares et dans le même ordre où elles étaient rangées, jusqu'au delà du pont de Pélage, attendant le moment prochain de charger l'ennemi. C'était entre les deux ponts qu'on allait vider la querelle.

Seoane, au moment où sa colonne débouchait par le pont de Torote, à une demi-portée de canon de la nouvelle position de Narvaez, fit avancer et déploya en guérillas quelques compagnies de chasseurs, ayant sans doute l'intention de disposer, à l'abri de leurs feux, l'ordre de combat qu'il lui conviendrait d'adopter. Autant qu'on en peut juger par ces préliminaires, il se proposait de suivre l'usage trop introduit dans les armées de longues tirailleries en bataille rangée. Narvaez, tout étonné de le voir déboucher avec une si aveugle, si incroyable sécurité, lui avait aussi opposé ses guérillas pour l'éblouir. Mais aussitôt qu'il s'aperçut qu'on commençait à mettre en bataille les nombreuses pièces ennemies, et que quelques bataillons se rangeaient sur leurs derrières, il se décida à emporter par une attaque aussi vive que soudaine le point destiné à être le centre de l'artillerie de Seoane.

Les premiers coups de canon de ce chef furent le signal de l'attaque. Le général Shelly, à la tête de la cavalerie de la gauche, s'avança à la rencontre de la cavalerie ennemie; au même instant, tout un escadron vint s'incorporer dans ses rangs. Le même signal mit en mouvement les troupes qui devaient se jeter sur l'artillerie. Le colonel Contreras, avec les escadrons de la droite, partit comme un trait pour l'envelopper par le flanc, tandis que le colonel Serrano se précipitait à la charge avec les chasseurs d'infanterie, pour l'emporter de front à la baïonnette: la ligne entière suivit le mouvement, qui devint général. Grande et terrible opération qui a procuré bien des victoires après un combat opiniâtre! Opération infiniment hasardeuse lorsqu'elle est tentée contre un ennemi calme et préparé à l'attaque, risquable alors qu'on le voit en retard ou hésitant dans ses mouvements, mais, surtout, hautement opportune et méritoire dans les guerres civiles, car alors c'est toujours un acte de patriotisme que d'épargner de part et d'autre le nombre des victimes. Au premier rang s'avançaient le général en chef et les officiers supérieurs, l'épée à la main; chaque officier était à son poste; les soldats marchaient en lignes serrées, tous d'un pas ferme et intrépide, sans que pas un regardât en arrière; aussi la manœuvre réussit-elle au delà de tout espoir. Quelques rares décharges d'artillerie purent seulement avoir lieu, soit que les guérillas ennemies se trouvassent refoulées sur leurs propres batteries, soit par suite de la surprise, soit que les troupes de Seoane s'imaginassent que celles de Narvaez passaient chez elles, soit que les canonniers n'eussent pas la volonté de faire un feu meurtrier, soit enfin par l'effet de ces quatre causes réunies. Toujours est-il qu'au prix d'une perte à peu près insignifiante, cette nombreuse artillerie, mal placée et bien plus mal soutenue, fut emportée d'un seul coup. Les brigades Fulgosio et Falgueral, ayant le brigadier Campuzano à leur tête, accoururent par une marche de flanc pour compléter l'opération d'entourer et de comprimer encore les masses ennemies déjà si pressées : le brigadier Descatllar marchait en réserve, secondant tous ces mouvements. Ce fut ainsi que le plus grand nombre se trouva emprisonné par le plus petit, sans moyen de se déployer, sans avoir d'ordres à suivre, sans possibilité de présenter un front de bataille, sans terrain même pour combattre.

L'action se trouvait terminée. Seoane, placé derrière le flanc droit de son artillerie, et devant le gros de son infanterie, se trouva prisonnier sans savoir comment. Dans ses accès d'indignation, il jetait violemment par terre ses insignes de général ; il accusait ses troupes ; pourtant c'était bien plutôt à elles à lui adresser des reproches. Il demanda Narvaez à plusieurs reprises. Narvaez vint et le traita avec courtoisie, avec délicatesse, et avec une extrême générosité ; conduite d'autant plus noble qu'il savait qu'un tout autre sort lui était réservé au cas où les chances eussent tourné contre lui. Zurbano parvint à s'échapper avec deux officiers : ce furent les trois seuls fugitifs de cette journée. A force de vitesse et de détours ils purent entrer à Madrid, quelques instants après le coucher du soleil, pour dissiper bien des folles espérances au grand désappointement des visionnaires.

On ne combattait déjà plus, mais le triomphe n'était pas encore assuré. La cavalerie de la gauche, conduite par Shelly, avait déployé un front imposant : elle menaçait d'une charge, qui fut arrêtée au moment même où les lances allaient se croiser. Cette présence d'esprit réellement admirable fut commune à tous les chefs de Narvaez ; elle était d'ailleurs conforme aux ordres de ce général. Il s'agissait de frapper les esprits, de paralyser les bras par l'effet saisissant de la surprise ; de rendre les hostilités impossibles à force d'audace et d'intrépidité, d'attirer à soi les ennemis par des airs de supériorité, mais sans humiliation ; il s'agissait surtout d'épargner le sang. Des deux côtés, c'était du sang espagnol qui allait couler !... Il y eut tel escadron, placé en face d'un autre escadron du même régiment, les soldats se touchant déjà du fer de leurs lances, qui demanda à aller combattre un autre escadron qu'il désignait, ayant avec lui des rapports moins intimes. Dans ce moment, Shelly fit entendre sa voix imposante et accréditée, en s'écriant : « l'Union, la Reine et la Liberté ». A ce cri, des acclamations unanimes et involontaires se répandirent dans tous les rangs. Il suffit d'une vibration électrique pour faire sentir aux soldats qu'ils étaient tous frères, qu'ils pouvaient s'embrasser sans s'avilir. Cependant un sergent déchargea sur ce chef courageux un coup de pistolet, heureusement sans l'atteindre; puis, de sa lance, il lui tira une botte à fond; le coup, bien qu'arrêté, le blessa grièvement à la cuisse. Shelly n'y répondit qu'en sauvant la vie à l'assaillant. Dès lors la cavalerie tout entière ne fit plus qu'un seul corps.

Dans l'infanterie de Seoane, les premiers bataillons restèrent frappés de stupeur, en se voyant sans artillerie, sans cavalerie, ayant sur eux tout le gros des ennemis. Ceux qui arrivaient successivement par la route, s'apprêtaient au combat, ignorant ce qui était survenu. A la vue du ruban blanc que portaient au shako les soldats de Narvaez, ils leur criaient :

« Vous voilà donc des nôtres ; » et sur leur réponse, « mais non, c'est vous au contraire qui êtes venus à nous, » ils restaient tout ébahis : le trouble et le dépit se mirent bientôt dans leurs rangs. L'avant-dernière brigade, surtout, appartenant à la division de Zurbano, marchait aux cris de vive le Régent ! et avec toutes les apparences de la plus grande décision.

Narvaez comprit ce qui lui restait à faire. Avec la rapidité de l'éclair, il s'empara des bataillons stupéfaits, sans leur donner le temps de revenir de leur étonnement. Ce n'était plus alors le général qui commande une bataille, c'était l'homme inspiré qui fascine les multitudes, et finit par les subjuguer. Lors des crises décisives, dans ces moments solennels où les masses hésitent, ou bien lorsqu'à la suite de mouvements contraires, elles se replient sur elles-mêmes et sont prêtes à marcher ensemble, elles reçoivent machinalement leur nouvel élan du génie supérieur qui les entraîne, de l'homme inspiré qui a de la vie pour lui et pour les autres. Narvaez, encore une fois, fut alors ce génie supérieur, cet homme inspiré. Le digne général Pezuela, son chef d'état-major, allait secondant partout l'opération avec une présence d'esprit, un tact et un bonheur admirables. Dans les bataillons obstinés, Narvaez trouva de la résistance : parfois même les fusils furent pointés contre lui : le calme, l'autorité de ses ordres firent tomber tous ces bras et retirer les armes. De sa propre main il chassa quelque chef du poste qu'il occupait. Tandis que sa présence arrêtait tout mouvement, Pezuela, à un signe, était accouru chercher la cavalerie. Bientôt les escadrons furent interposés entre les bataillons, qui se trouvèrent ainsi emprisonnés : puis, les cavaliers marchant sur eux, la lance en arrêt (1) et aux cris répétés de « bas les armes, bas les armes, » on obtint en effet leur désarmement. Différents chefs et officiers furent écartés. Les bataillons ayant été harangués en peu de mots, et s'étant en général montrés dociles à l'appel au nom de la constitution et du trône, leurs fusils leur furent rendus. On les fit ensuite partir par des côtés divers, sans qu'une bonne partie des troupes eût encore fini de comprendre à quels ordres elles obéissaient. Les éléments de résistance une fois dissous, l'esprit de réconciliation sincère ne tarda pas à devenir général (2).

---

(1) Depuis la dernière guerre, toute la cavalerie espagnole est armée de lances.

(2) *Copie de la dépêche adressée par le général Seoane au gouvernement de Madrid, par l'entremise du général Narvaez.*

« Excellence : L'armée qui se trouvait sous mes ordres, se trouve en ce moment aux ordres du général Narvaez. J'ai été entouré et fait prisonnier dès le commencement de la petite action qui a eu lieu. Je réitère à Votre Excellence, la prière que j'ai adressée de Saragosse

Le lendemain, 23, vers le soir, le général Aspiroz faisait son entrée à Madrid avec sa division. On avait déjà rempli bon nombre des fossés ouverts dans les rues pour la défense de la capitale, non par le peuple, mais par un parti. Il fit défiler ses troupes en ordre de parade sous les yeux de la reine dona Isabelle et de son auguste sœur, saluant les objets chers à tous les bons Espagnols, aux cris d'enthousiasme d'une nombreuse population. Dans la nuit, le général Narvaez fit aussi son entrée et jouit du même honneur, à la tête des troupes déjà réunies, qui s'étaient rendues à Torrejon d'Ardoz en sens opposés. Madrid respirait libre et calme. Huit jours après, Espartero s'embarquait devant Cadix à bord d'un navire étranger, le *Malabar*.

Tel est le récit exact de cette mémorable journée qui a sauvé l'Espagne d'une guerre civile acharnée, de la destruction de ses villes, peut-être même d'une dissolution sociale. La patrie, dans ce conflit, n'eut

---

à S. A. le régent du royaume, de vouloir bien reprendre mes titres et diplômes, récompenses de services antérieurs..... »

.... A ce moment, le général est pris d'un accident subit qui l'empêche de continuer : ayant repris ses sens, il m'ordonne de terminer cette dépêche, en assurant Votre Excellence que tout est perdu hors l'honneur, lequel n'a eu rien à souffrir. Dieu garde Votre Excellence de longues années. Torrejon, ce 22 juillet 1843 ; le lieutenant-colonel, aide-de-camp, Carlos de Barutell. A Son Excellence le ministre secrétaire d'État au département de la guerre.

à regretter que la perte d'un très-petit nombre de ses enfants. Événement qui semblerait incroyable s'il ne s'était pas passé presque sous nos yeux ; qui serait incompréhensible, si la connaissance de ses moindres détails n'en donnait pas l'explication !

Ce jour-là, Seoane commit trois fautes graves. La première, ce fut de s'avancer en colonne de route jusqu'à une distance moindre d'une portée de canon, sans avant-garde pour préparer la bataille, sans centre pour la soutenir, une fois engagée, sans réserve pour se refaire, au cas où il l'eût perdue. S'il avait de la confiance dans ses troupes, il aurait dû les employer d'après les règles de l'art ; s'il se méfiait de quelques-unes d'entre elles, bien qu'il n'en eût lieu qu'à l'égard d'un très-petit nombre, car elles étaient persuadées de leur grande supériorité sur les troupes contraires, ce n'était qu'une raison de plus pour ne rien négliger de ce qui pouvait lui assurer la victoire. Sans doute il ne soupçonnait pas l'audace de son adversaire ; mais, à la guerre, l'imprévoyance n'a jamais d'excuse, car la partie une fois perdue, il n'y a plus moyen de recommencer. La seconde faute, ce fut de ne pas utiliser convenablement l'artillerie ; c'était pour lui une arme dont son adversaire était tout à fait privé ou à peu près. Il rangea en bataille une ligne de pièces fort étendue. Par ce seul fait, il renonçait à toute mobilité de ce puissant moyen d'action, et en neutralisait en grande partie l'effet principal. Deux ou trois batteries, établies sur le front de bataille en angles saillants, occupées par les bataillons d'une avant-garde aguerrie et sûre, lui auraient procuré des feux croisés et meurtriers à une distance que Narvaez eût difficilement franchie, soit avec l'infanterie, soit avec la cavalerie. La troisième faute, enfin, et comme la suite des deux autres, ce fut de n'avoir couvert son front de bataille, de même que ses pièces, qu'avec un cordon de tirailleurs; ceux-ci ayant été refoulés, ils se trouvèrent sans renfort et sans soutien. L'artillerie, bien située, aurait frappé juste, quelles qu'eussent été d'ailleurs la disposition et la volonté des canonniers; les tirailleurs, appuyés contre les bataillons, auraient arrêté l'élan des ennemis, et la voix de Narvaez et des chefs qui suivaient son exemple, n'aurait pu pénétrer dans les rangs, une fois le feu engagé.

Narvaez, à qui il fallait, pour triompher, que son ennemi commît des fautes, et qui les épiait avec avidité, eut de la clairvoyance pour les saisir, de l'adresse pour en profiter, du sang-froid pour concevoir, du courage pour agir et une indicible inspiration pour terminer. La victoire couronna ses efforts. Cette victoire sera un sujet d'étude pour les militaires, parce qu'elle révèle un génie du premier ordre.

Elle sera encore un objet de reconnaissance pour le pays, parce qu'elle a consolidé le trône et qu'elle a amené à sa suite plus encore que la paix et la liberté..... l'occasion de mettre un terme aux discordes intestines des Espagnols.

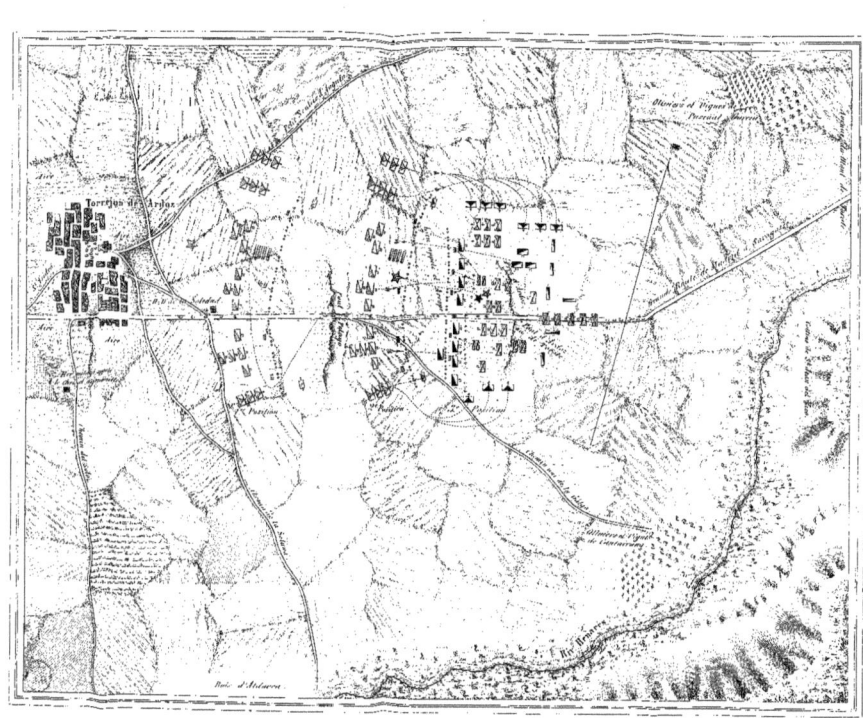

JOURNÉE DE TORREJON D'ARDOZ.

www.ingramcontent.com/pod-product-compliance
Lightning Source LLC
Chambersburg PA
CBHW060908050426
42453CB00010B/1597